Impressum
Verlag: BABADADA GmbH, Nedderfeld 112 , 22529 Hamburg
Geschäftsführer / Verlagsleitung: Harald Hof
Druck: Books on Demand GmbH, In de Tarpen 42, 22848 Norderstedt

Imprint
Publisher: BABADADA GmbH, Nedderfeld 112 , 22529 Hamburg, Germany
Managing Director / Publishing direction: Harald Hof
Print: Books on Demand GmbH, In de Tarpen 42, 22848 Norderstedt

# škola
# isikole

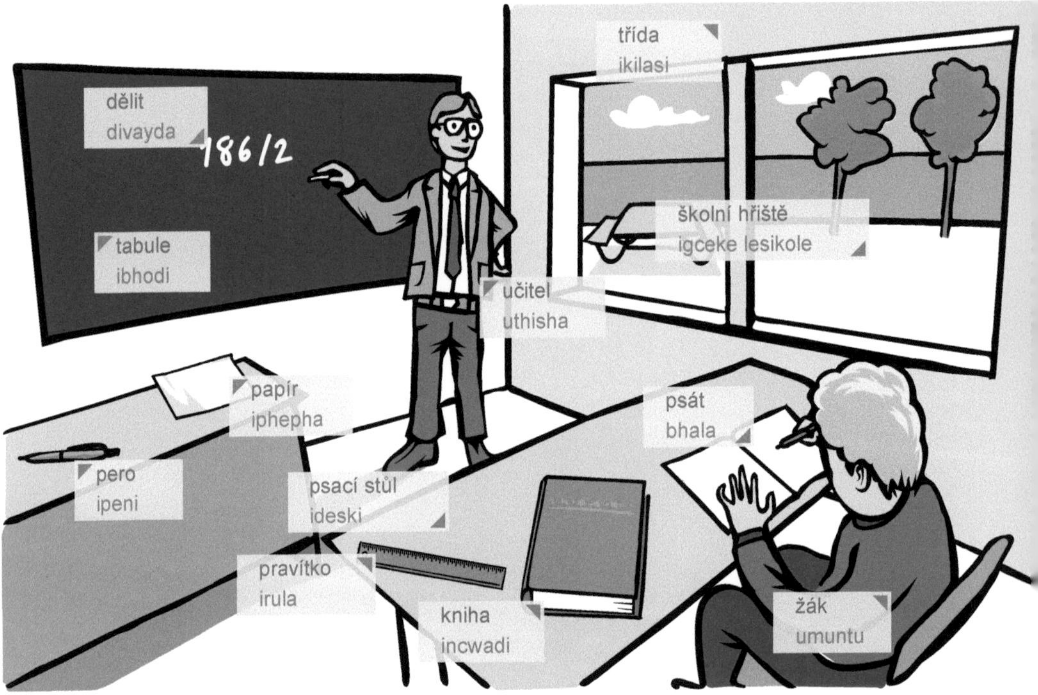
třída
ikilasi
dělit
divayda
186/2
tabule
ibhodi
školní hřiště
igceke lesikole
učitel
uthisha
papír
iphepha
psát
bhala
pero
ipeni
psací stůl
ideski
pravítko
irula
kniha
incwadi
žák
umuntu

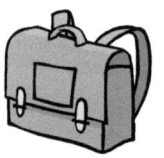

aktovka

isikhwama

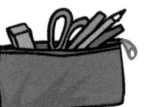

penál

isikwama sepeni

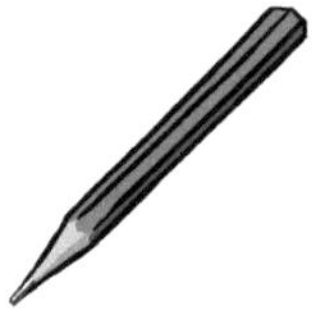

tužka

ipensela

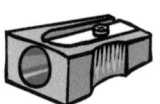

ořezávátko

umshini wokulola

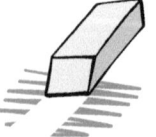

guma

irabha

blok na kreslení

indawo yokudweba

výkres

ukudweba

štětec

ibrashi lokupenda

malířské potřeby

ibhokisi lokupenda

nůžky

isikelo

lepidlo

inomfi

cvičebnice

incwadi yesikole

domácí úkol

umsebenzi wasekhaya

počet

inamba

2+2

sčítat

hlanganisa

5-2

odčítat

susa

násobit

phindaphinda

počítat

bala

písmeno

incwadi

abeceda

izinhlamvu zamagama

slovo

igama

text

umbhalo

číst

funda

křída

ushoki

hodina

isifundo

třídní kniha

bhalisa

zkouška

isivivinyo

vysvědčení

isitifiketi

školní uniforma

iyunifomu yesikole

vzdělání

imfundo

encyklopedie

i-encyclopedia

univerzita

inyuvesi

mikroskop

isibonakhulu

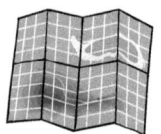

karta

ibalazwe

odpadkový koš na papír

ibhaskidi yokulahla
amaphepha

# cesta
# ukuhamba

hotel
ihhotela
Grand
ubytovna
ihositela
ROOMS
směnárna
i-bureau de change
kufr
i-suitcase
auto
imoto

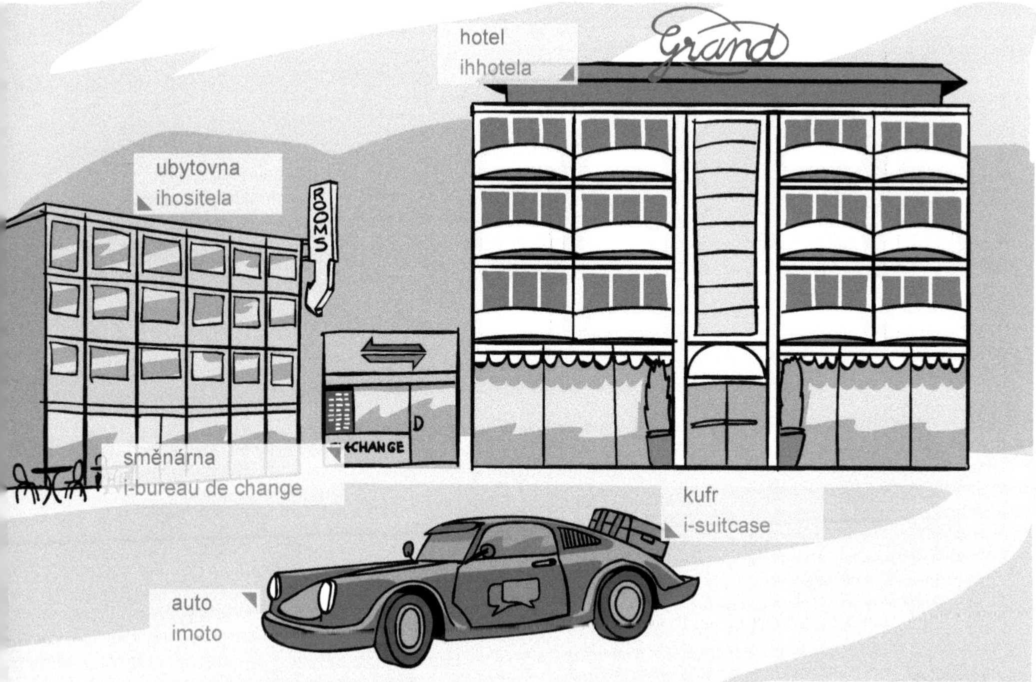

jazyk

ulimi

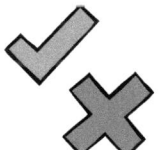

ano / ne

yebo / cha

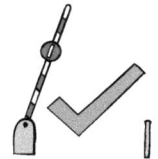

oukej

kulungile

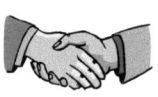

Ahoj!

sawubona

překladatel

umhumushi

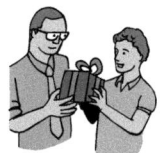

děkuji

Ngiyabonga

Kolik stojí...?

iyimalini i...?

nerozumím

angiqondi

problém

inkinga

Dobrý večer!

Intambama enhle!

Dobré ráno!

Sawubona!

Dobrou noc!

Ulale kahle!

na shledanou

bye bye

směr

isiqondiso

zavazadlo

izikhwama

taška

isikhwama

batoh

ubhakha

host

isivakashi

pokoj

igumbi

spací pytel

isikhwama sokulala

stan

ithende

turistické informace

iminingwane yamathoristi

pláž

ulwandle

kreditní karta

ikhadi lesikweletu

snídaně

ukudla kwasekuseni

oběd

ukudla kwasemini

večeře

ukudla kwasebusuku

jízdenka

ithikithi

výtah

i-lift

poštovní známka

isitembu

hranice

ibhoda

clo

amasiko

poselství

inxusa

vízum

ivisa

pas

iphasiphothi

# transport
# izinto zokuhamba

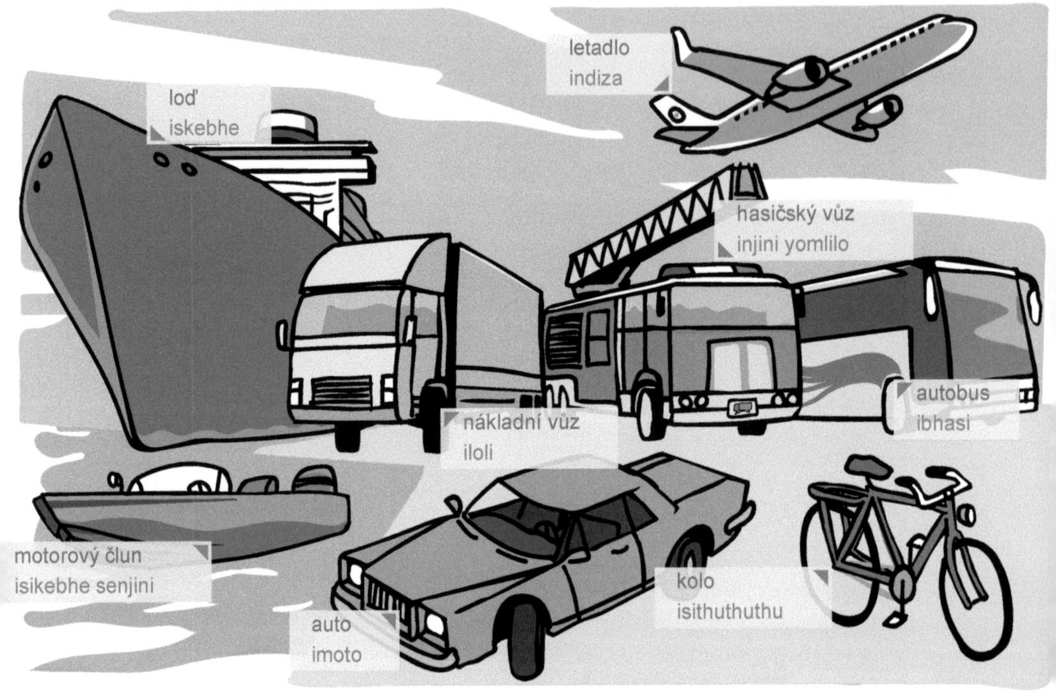

letadlo
indiza
loď
iskebhe
hasičský vůz
injini yomlilo
autobus
ibhasi
nákladní vůz
iloli
motorový člun
isikebhe senjini
kolo
isithuthuthu
auto
imoto


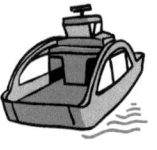

přívoz
isikebhe

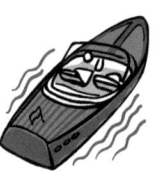

člun
isikebhe

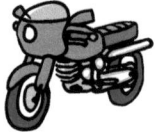

motorka
isithuthuthu

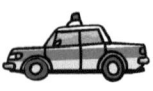

policejní auto
imoto yamaphoyisa

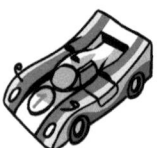

závodní auto
imoto ejahayo

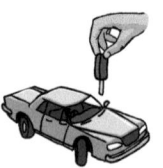

pronajaté auto
imoto eqashiwe

sdílení aut

ukurenta imoto

odtahová služba

iloli eliphukile

popelářský vůz

ithrakhi

motor

injini

palivo

amafutha

čerpací stanice

indawo yokuthela uphethiloli

dopravní značka

uphawu lwethrafikhi

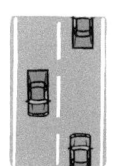

doprava

ithrafikhi

dopravní zácpa

ithrafikhi enkulu

parkoviště

indawo yokupaka izimoto

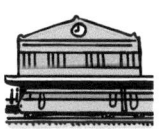

vlakové nádraží

isitashi sesitimela

koleje

amaloli

vlak

isitimela

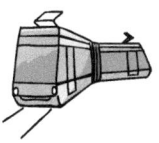

tramvaj

ithilamu

vagón

inqola

helikoptéra

ihelikhoptha

letiště

isikhungo sezindiza

věž

umphongolo

pasažér

iphasenja

kontejner

ikhonteyna

kartón

ikhathoni

trakař

inqola

koš

ubhasikidi

vzlétnout / přistát

ukusuka / ukwehla

## město

## idolobha

vesnice

isigodi

střed města

i-city centre

dům

indlu

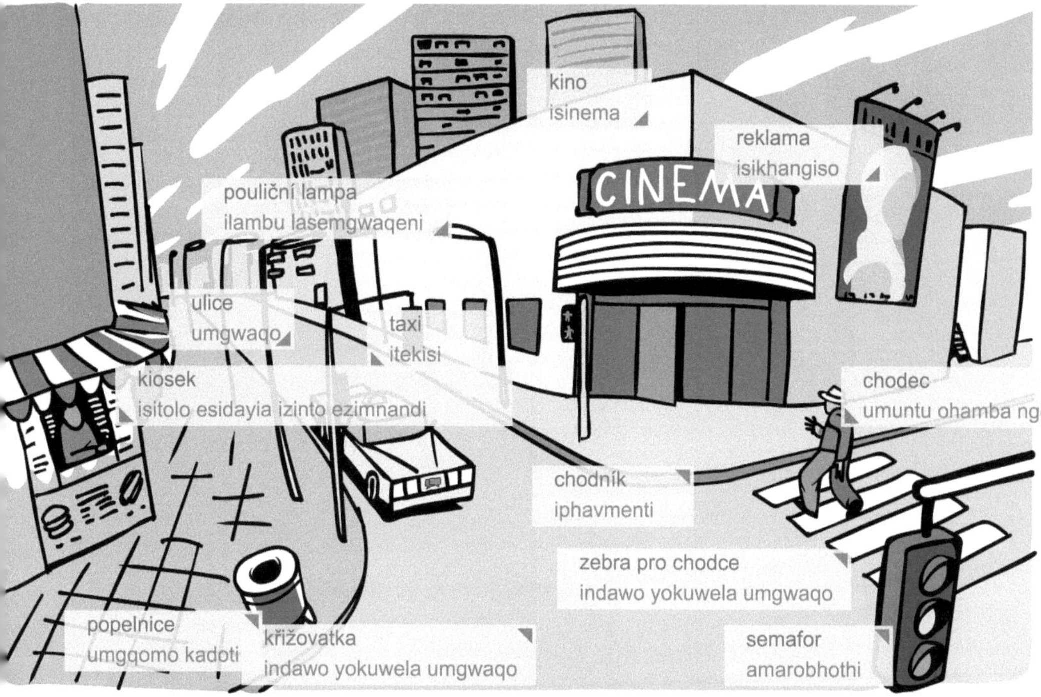

kino
isinema

reklama
isikhangiso

pouliční lampa
ilambu lasemgwaqeni

ulice
umgwaqo

taxi
itekisi

kiosek
isitolo esidayia izinto ezimnandi

chodec
umuntu ohamba nge

CINEMA

chodník
iphavmenti

zebra pro chodce
indawo yokuwela umgwaqo

popelnice
umgqomo kadoti

křižovatka
indawo yokuwela umgwaqo

semafor
amarobhothi

chata

indlu yodaka

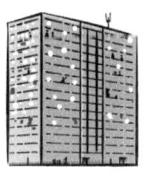

byt

i-flat

vlakové nádraží

isitashi sesitimela

radnice

i-town hall

muzeum

imuzilemu

škola

isikole

univerzita

inyuvesi

banka

ibhange

nemocnice

isibhedlela

hotel

ihhotela

lékárna

ikhemisi

kancelář

i-ofisi

knihkupectví

isitolo sezincwadi

obchod

esitolo

květinářství

istolo sezimbali

supermarket

emakethe enkulu

tržnice

imakethe

obchodní dům

isitolo somnyango

rybárna

i-fishmonger's

nákupní centrum

isikhungo sezitolo

přístav

isikhungo semikhumbi

park

ipaki

lavička

ibhentshi

most

ibhuloho

schody

izitezi

metro

ngaphansi komhlaba

tunel

umhubhe

autobusová zastávka

istobhu sebhasi

bar

i-bar

restaurace

isitolo sokudlela

poštovní schránka

eposini

pouliční tabule

uphawu lwasemgwaqeni

parkovací hodiny

umshini wokukhokhela
ukupaka

zoo

esiqiwini

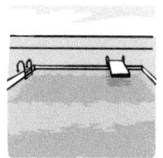

plovárna

indawo yokubhukuda

mešita

i-mosque

usedlost
......................
ifamu

znečišťování životního
prostředí
......................
ukungcola

hřbitov
......................
amagcwaba

církev
......................
isonto

hřiště
......................
igrawundi lokudlala

chrám
......................
ithempeli

## krajina
## ingadi

list
icembe

rozcestník
mpambano mgwaqo

cesta
indlela

louka
idlelo

kámen
itshe

strom
isihlahla

turista
umqwali wezintaba

řeka
umfula

tráva
utshani

květina
imbali

údolí

isigodi

hora

intaba

jezero

ichibi

les

ihlathi

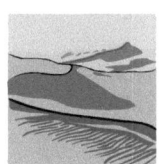

poušť

ogwadule

sopka

intaba mlilo

zámek

isigodlo

duha

uthlngo

houba

ikhowe

palma

isihlahla sesundu

komár

umiyane

moucha

ukundiza

mravenec

intuthwane

včela

inyosi

pavouk

isicabucabu

brouk

ibhungane

žába

ixoxo

veverka

i-squirrel

ježek

i-hedgehog

zajíc

unogwaja

sova

isikhova

pták

izinyoni

labuť

idada

divoké prase

intibane

jelen

inyamazane

los

i-moose

přehrada

idamu

větrné kolo

i-wind turbine

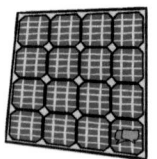

solární panel

i-solar panel

podnebí

isimo sezulu

# restaurace

# isitolo sokudlela

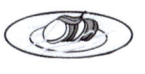

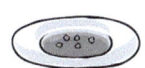

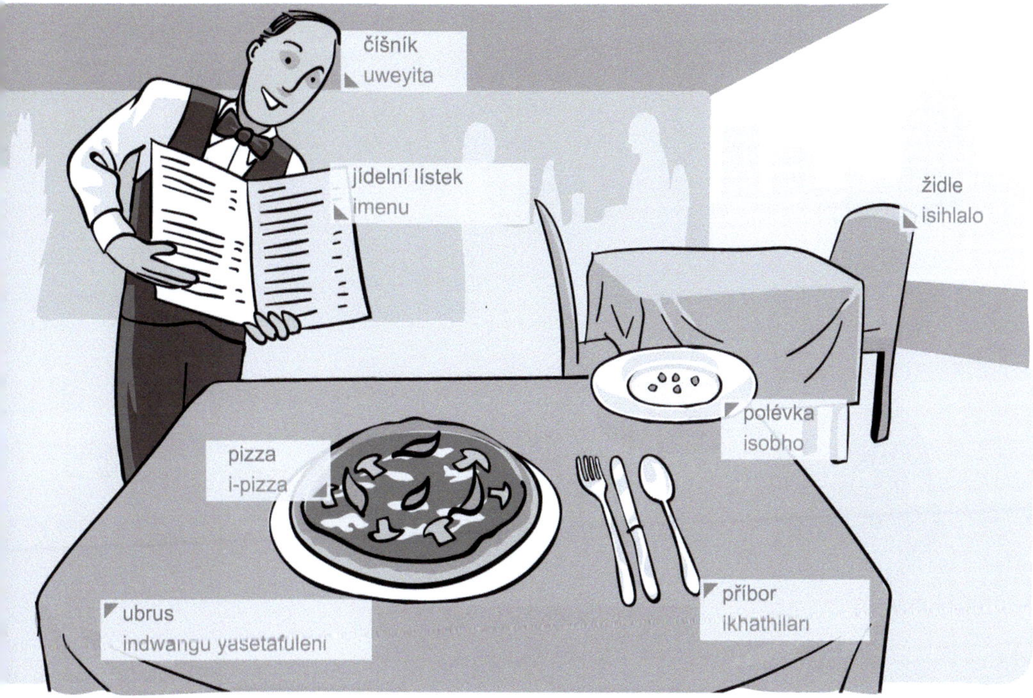

číšník
uweyita
jídelní lístek
imenu
židle
isihlalo
polévka
isobho
pizza
i-pizza
příbor
ikhathilari
ubrus
indwangu yasetafuleni


předkrm

ukudla okulula

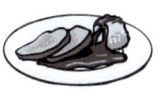

hlavní chod

isidlo

dezert

idizethi

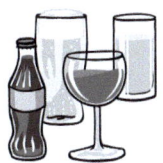

nápoje

iziphuzo

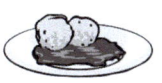

jídlo

ukudla

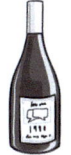

láhev

ibhodlela

rychlé občerstvení

ukudla okulula

pouliční občerstvení

ukudla okudayiswa
emgwaqeni

čajová konvice

ithiphothi

cukřenka

isitsha sikashukela

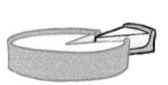

porce

ingxenye

kávovar na espresso

umshini we-ekspreso

dětská stolička

isitulo esiphezulu

faktura

izindleko

tác

ithreyi

nůž

ummese

vidlička

imfologo

lžíce

ispuni

čajová lyžička

ithispuni

ubrousek

indawo yokusula umlomo

sklenička

igilasi

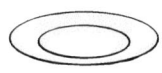

talíř

ipuleti

talíř na polévku

ipuleti lesobho

podšálek

isoso

omáčka

isosi

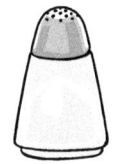

slánka

isitsha sasawoti

mlýnek na pepř

isitsha sephepha

ocet

uviniga

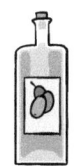

olej

amafutha

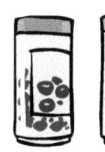

koření

izinongo

kečup

isosi yetamatisi

hořčice

isosi yesinaphi

majonéza

imayonesi

# supermarket

# emakethe enkulu

nabídka
amanani akhethekile
FOR
zákazník
ikhasimende
mléčné výrobky
ukudla okwenziwe ngobisi
ovoce
isithelo
nákupní vozík
ithroli

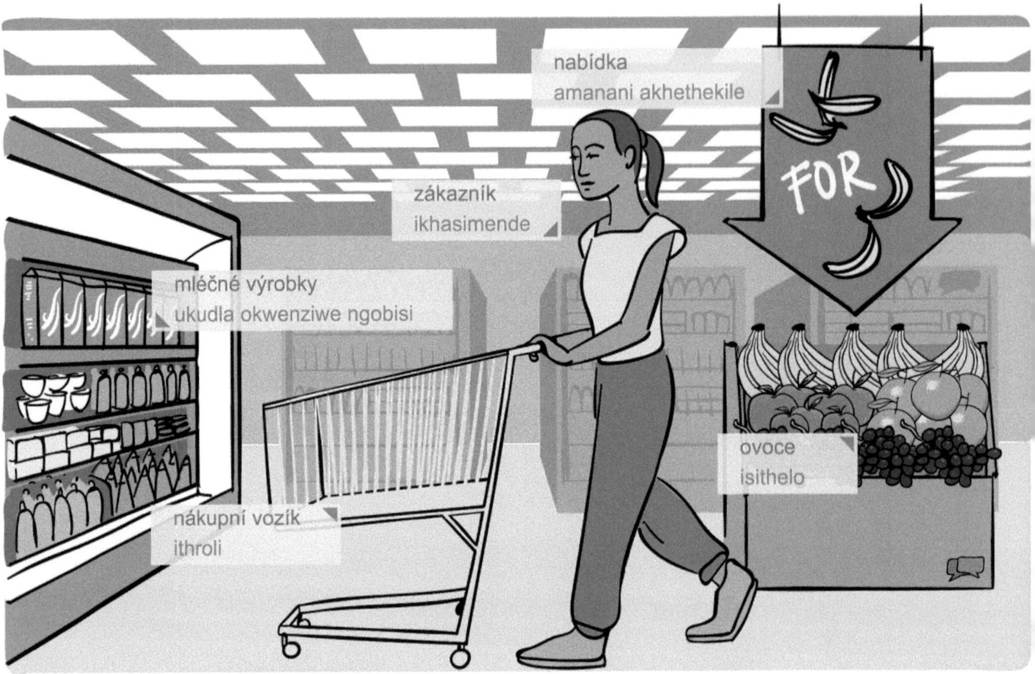

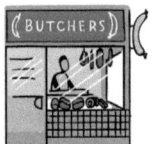

BUTCHERS

masna

ebhusha

BAKERY

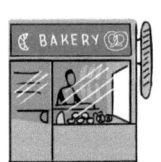

pekařství

isitolo esidayisa isinkwa

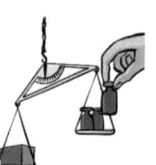

vážit

kala

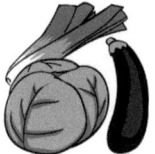

zelenina

amaveji

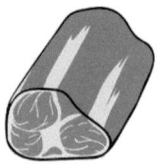

maso

inyama

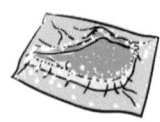

mražené potraviny

ukudla okubandayo

obložený talíř

inyama ebandayo

konzervy

ukudla okusethinini

prací prášek

insipho yokuwasha
enguphawuda

cukrovinky

oswidi

výrobky pro domácnost

izinto zasendlini

čisticí prostředek

izinto zokuhlanza

prodavačka

umuntu odayisayo

pokladna

ithili

pokladní

umbali wemali

nákupní seznam

izinto okumelwe zithengwe

otevírací doba

amahora okuvula

peněženka

uwolethi

kreditní karta

ikhadi lesikweletu

taška

isikhwama

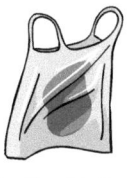

igelitová taška

isikwama sepulastiki

# nápoje
## iziphuzo

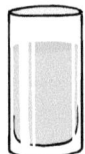

voda

amanzi

džus

ijusi

mléko

ubisi

kola

i-coke

víno

iwayini

pivo

ubhiya

alkohol

utshwala

kakao

i-cocoa

čaj

itiye

káva

ikhofi

espresso

i-ekspreso

kapučíno

ikhaphachino

banán

ubhanana

jablko

i-apula

pomeranč

i-olintshi

meloun

ikhabe

citrón

ulamula

mrkev

ukherothi

česnek

ugaligi

bambus

umhlanga

cibule

u-anyanisi

houba

ikhowe

ořechy

amakinati

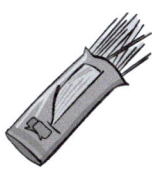

těstoviny

ama-noodle

špageti

isipagethi

rýže

iraysi

salát

isaladi

hranolky

ama-chips

americké brambory

amazambane athosiwe

pizza

i-pizza

hamburger

ibhega

sendvič

isendiwichi

řízek

inyama engenathambo

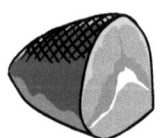

šunka

ham

salám

salami

salám

isoseji

kuře

inkukhu

pečeně

yosiwe

ryby

inhlanzi

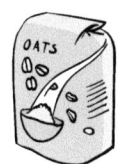

ovesné vločky

iphalishi le-oats

müsli

i-muesli

vločky

ama-cornflakes

mouka

uflulawa

croissant

i-croissant

houska

isinkwa esiyiroli

chléb

isinkwa

toast

i-toast

sušenky

amabhiskidi

máslo

ibhotela

tvaroh

i-curd

buchta

ikhekhe

vejce

iqanda

volské oko

iqanda elithosiwe

sýr

ushizi

zmrzlina

i-ice cream

cukr

ushukela

med

uju

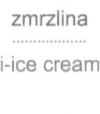

marmeláda

ujamu

nugátový krém

ispredi sikashokholedi

kari

isitshulu

# usedlost
# ifamu

selské stavení
indlu yasemafamu
stodola
i-barn
balík slámy
utshani obomile
pole
igceke
kůň
ihhashi
přívěs
i-trailer
traktor
ugandaganda
hříbě
i-foal
osel
imbongolo
ovoc
imvu
jehně
imvu esencane


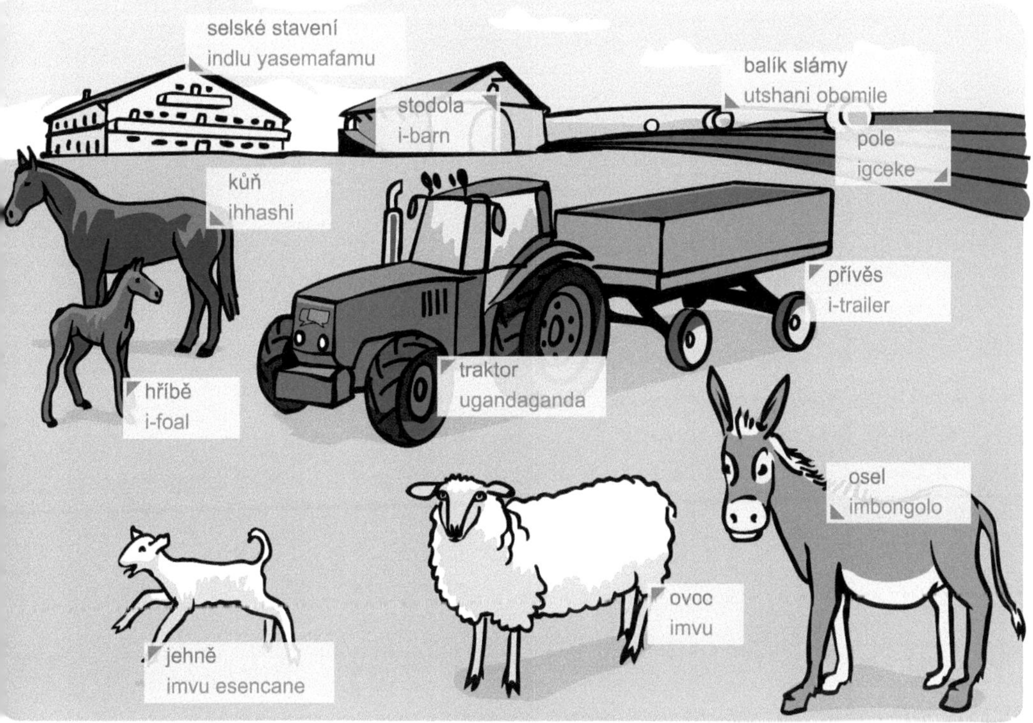

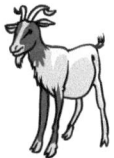

koza

imbuzi

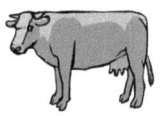

kráva

inkomo

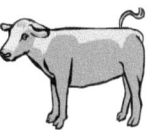

tele

ithole

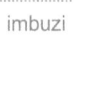

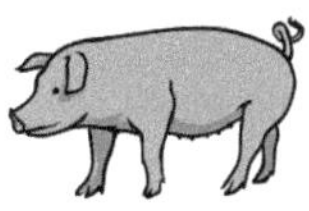

prase

ingulube

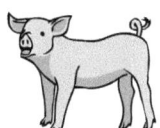

sele

ingulube esencane

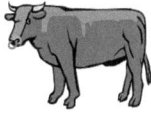

býk

inkunzi

husa

ihansi

kachna

idada

kuře

ichwane

slepice

isikhukhukazi

kohout

iqhude

krysa

igundwane

kočka

ikati

myš

igundwane

vůl

inkabi

pes

inja

psí bouda

indlu yenja

zahradní hadice

ipayipi lokunisela

kropicí konev

ikani lokunisela

kosa

ucelemba

pluh

igeja

srp
isikela

motyka
ukhuba

vidle
imfoloko

sekera
imbazo

kolecko
ibhala

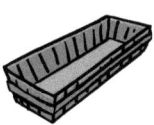

koryto
umkhombe

konev na mléko
ubusi olusekanini

pytel
isaka

plot
ifensi

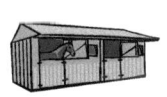

stáj
esitebhilini

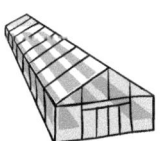

skleník
i-greenhouse

půda
inhlabathi

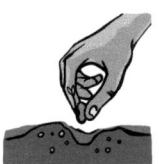

osivo
imbewu

hnojivo
umanyolo

kombajn
ukuvuna okuhlanganisiwe

sklidit

vuna

sklizeň

isivuno

smldinec

ama-yam

pšenice

ukolweni

sója

umbhontshisi

brambora

amazambane

kukuřice

ummbila

řepka

i-rapeseed

ovocný strom

isihlahla sezithelo

maniok

umdumbula

obilí

amasiriyeli

komín
ushimula

střecha
uphahla

okap
ipayipi le-draine

okno
ifasitela

garáž
igaraji

zvonek
into yokukhalisa emnyango

dveře
umnyango

popelnice
ubhini wokulahla

dopisní schránka
Ibhokisi lokufaka izincwadi

zahrada
ingadi

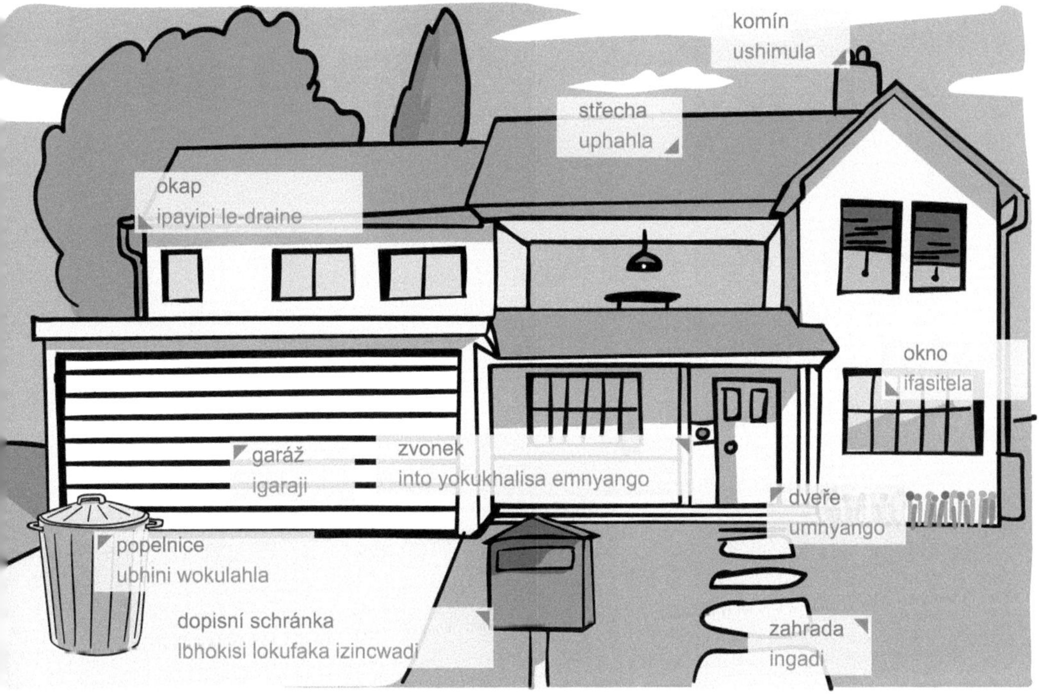

obývací pokoj

igumbi lokuhlala

koupelna

igumbi lokugeza

kuchyně

ikhishi

ložnice

igumbi lokulala

dětský pokoj

igumbi lezingane

jídelna

igumbi lokudlela

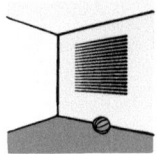

podlaha

phansi

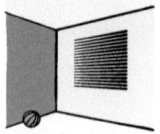

zeď

udonga

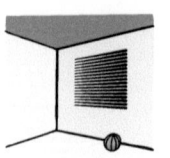

deka

usilingi

sklep

i-cella

sauna

i-sauna

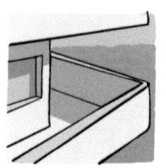

balkón

ibhalconi

terasa

i-terrace

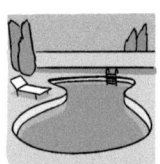

bazén

iphuli

sekačka na trávu

umshin wokugunda utshani

ložní prádlo

ishidi

lůžková přikrývka

ingubo yokulala

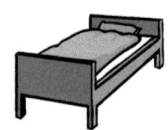

postel

umbhede

smeták

umshanelo

kýbl

ibhakede

vypínač

i-switch

# obývací pokoj
# igumbi lokuhlala

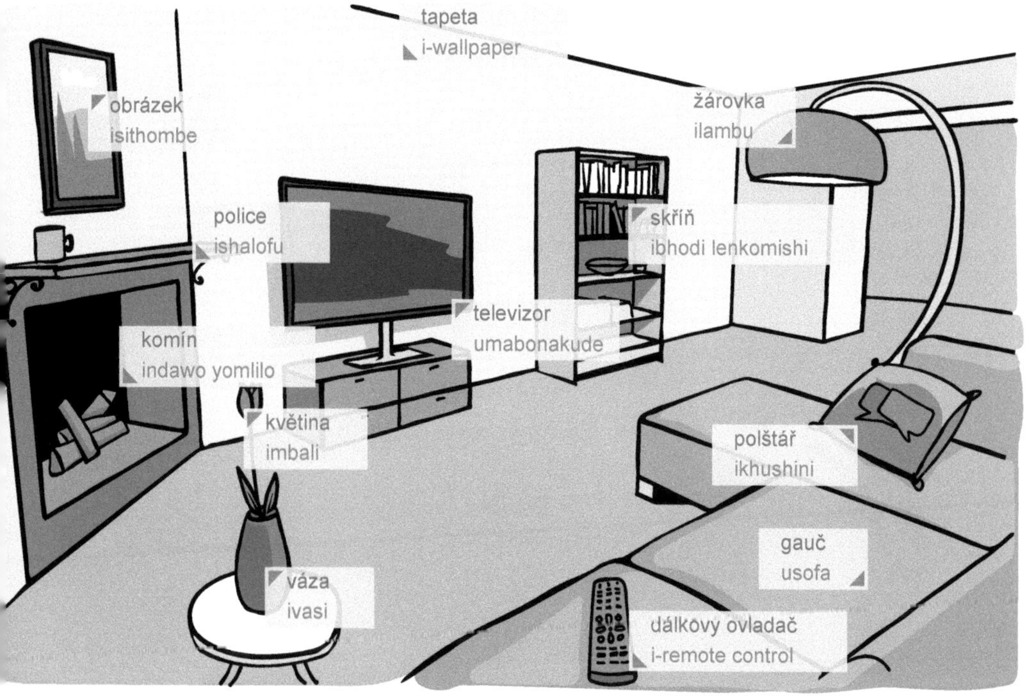

tapeta
i-wallpaper
obrázek
isithombe
žárovka
ilambu
police
ishalofu
skříň
ibhodi lenkomishi
televizor
umabonakude
komín
indawo yomlilo
květina
imbali
polštář
ikhushini
gauč
usofa
váza
ivasi
dálkový ovladač
i-remote control


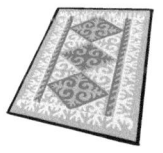

koberec

ukhaphethe

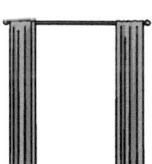

závěs

ikhethini

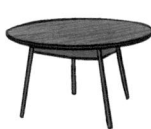

stůl

itafula

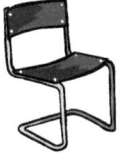

židle

isihlalo

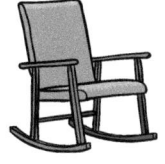

houpací křeslo

isihlalo esinyakazayo

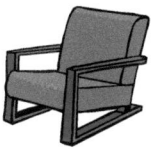

křeslo

isihlalo esingangengalo

kniha

incwadi

strop

ingubo

ozdoba

ukuhlobisa

palivové dříví

izinkuni zokubasa

film

ifilimu

stereo souprava

izinto ze-hi-fi

klíč

ukhiye

noviny

iphephandaba

malba

ukupenda

plakát

iphosta

rádio

umsakazo

poznámkový blok

i-notepad

vysavač

ihuva

kaktus

i-cactus

svíce

ikhandlela

# kuchyně
# ikhishi

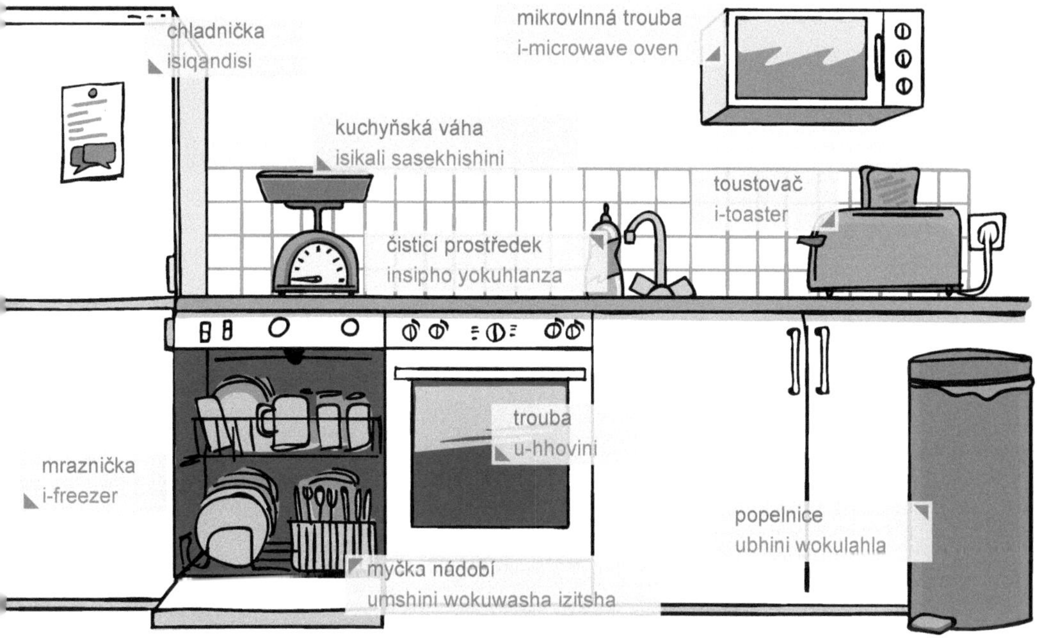

chladnička
isiqandisi
mikrovlnná trouba
i-microwave oven
kuchyňská váha
isikali sasekhishini
toustovač
i-toaster
čisticí prostředek
insipho yokuhlanza
trouba
u-hhovini
mraznička
i-freezer
popelnice
ubhini wokulahla
myčka nádobí
umshini wokuwasha izitsha


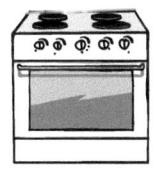

sporák

umshini wokupheka

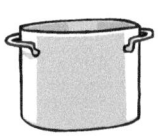

hrnec

ibhodwe

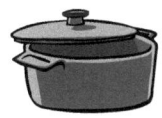

litinový hrnec

ibhodwe le-cast iron

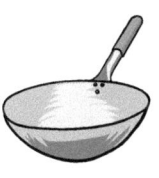

wok / kadai

i-wok / kadai

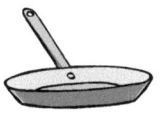

pánev

ipani

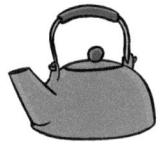

varná konvice

iketela

parní hrnec

i-steamer

plech na pečení

ithreyi lokubhaka

nádobí

izitsha zokudla

hrnek

imaki

miska

isitsha

jídelní hůlky

izinti zendwangu

naběračka

isixembe sokuphaka

obracečka

ispathula

metla

i-whisk

síto

i-strainer

cedník

isisefo

struhadlo

igretha

hmoždíř

isitsha sodaka

gril

i-barbecue

ohniště

umlilo

prkénko na krájení

ibhodi lokuqoba

váleček na těsto

ipini lokurola

výrtka

iskrew

dóza

ikani

otvírák na konzervy

into yokuvula ikani

chňapka

indwangu yokubamba ibhodwe

umyvadlo

usinki

kartáč na nádobí

i-brush

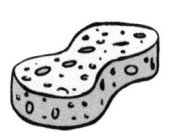

houba

isiponji

mixér

ibhlenda

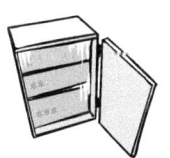

mrazák

i-deep freezer

dětská lahev

ibhodlela lengane

kohoutek

umpompi

# koupelna
# igumbi lokugeza

topení
isifudumezo
ručník
ithawula
sprcha
ishawa
sprchový závěs
ikhethini leshawa
pěnová koupel
insipho yokugeza eyenza amagwebu
vana
ubhavu
sklenička
igilasi
pračka
umshini wokuwasha
kohoutek
umpompi
obkladačky
amathayizi
nočník
ithoyilethi lezingane
umyvadlo
usinki


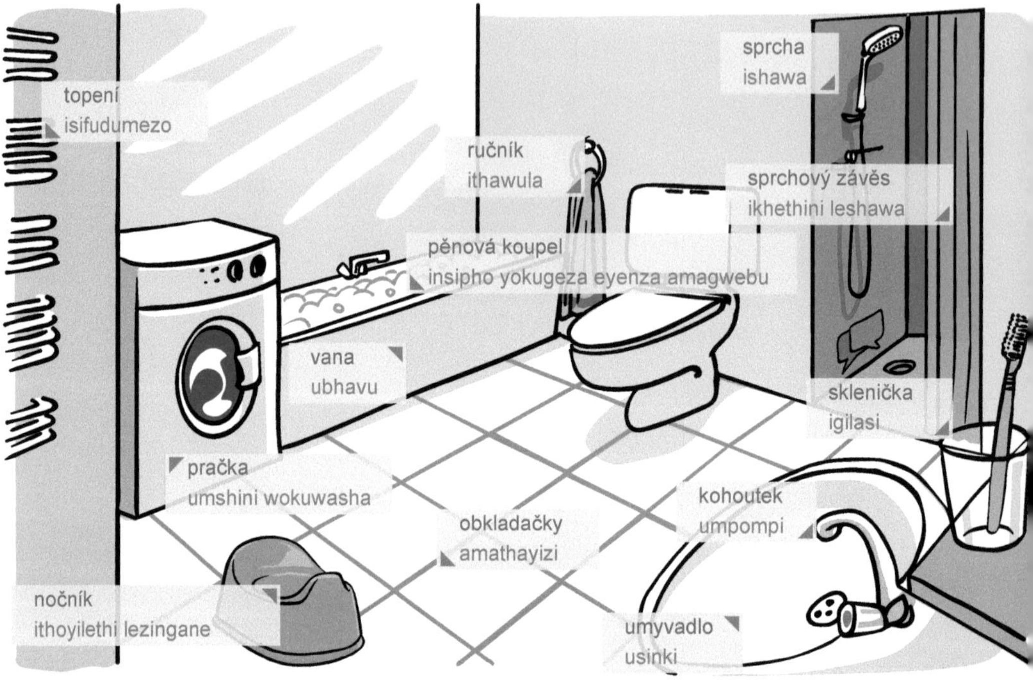

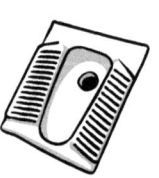

záchod

ithoyilethi

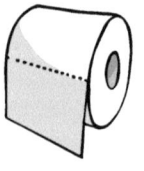

turecký záchod

ithoyilethi oqoshama kuyo

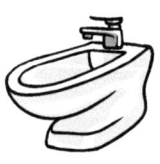

bidet

ithoyilethi le-bidet

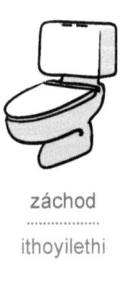

pisoár

ithoyilethi lokuchama labesilisa

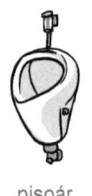

toaletní papír

iphepha lasethoyilethi

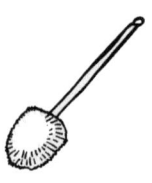

záchodová štětka

ibhrashi lasethoyilethi

zubní kartáček

ibhrashi lamazinyo

zubní pasta

insipho yamazinyo

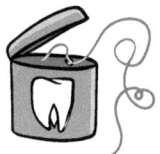

zubní niť

into yokuvungula

mýt

washa

ruční sprcha

ishawa ebanjwa ngesandla

intimní sprcha

uchatho

umyvadlo

u-basini

kartáč na záda

ibrashi lomhlane

mýdlo

insipho

sprchový gel

ijeli yeshawa

šampón

ishampu

žínka

ishethi lesikoshi

odpad

i-drain

krém

ukhilimu

deodorant

into yokugcoba
amakhwapha

zrcadlo

isibuko

kosmetické zrcátko

isibuko esiphathwa
ngesandla

holicí strojek

ireyza

pěna na holení

igwebu lokushefa

voda po holení

umuthi ogcotshwa ngemva
kokushefa

hřeben

ikama

kartáč

ibhrashi

fén

into yokomisa izinwele

lak na vlasy

ispreyi sezinwele

makeup

i-makeup

rtěnka

into yokugcoba umlomo

lak na nehty

into yokususa upende
wezinzipho

vata

uwuli kakotini

nůžky na nehty

isikelo sezinzipho

parfém

isigqolo

taška s toaletními potřebami

isikhwama sezinto zokugeza

stolička

isitulo

váha

isikali

župan

ingubo yokugeza

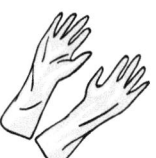

gumové rukavice

amagilavu erabha

tampón

ithemponi

dámská vložka

iphedi yasesikhathini

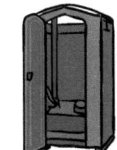

chemická toaleta

ithoyilethi lekhemikhali

# dětský pokoj

## igumbi lezingane

budík
i-alamu yewashi elichonywayo
plyšová hračka
ithoyizi lokudlala
autíčko
imoto eyithoyizi
chrastítko
i-rattle
domeček pro panenky
indlu kanodoli
dárek
isiphongo

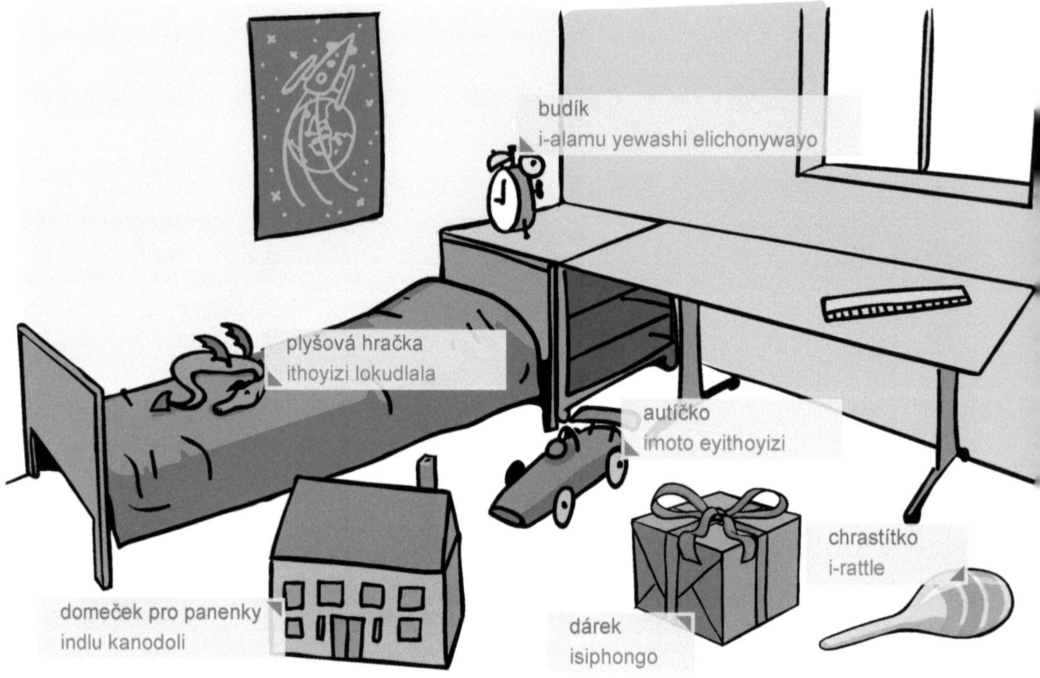

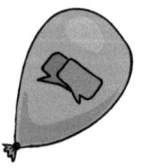

balón

ibhaluni

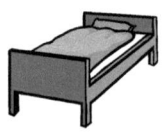

postel

umbhede

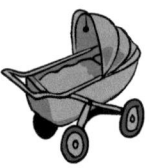

kočárek

iphremu

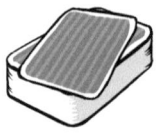

balíček karet

amakhadi

puzzle

i-jigsaw

SUPER
MEGA

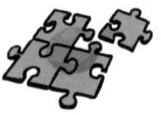

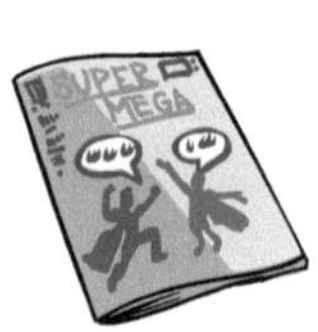

komiks

indaba edwetshiwe

lego kostky

amabrick elego

stavebnice

amabhuloksi okwakha

akční figurka

unodoli weqhawe

dupačky

izimpahla zezingane

frisbee

i-frisbee

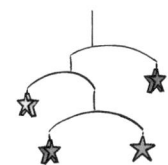

závěsné hračky nad
postýlku

amathoyizi ezingane
alengayo

desková hra

ibhodi lokudlala igemu

kostky

idayisi

modelová železnice

isethi yesitimela

dudlík

idemu

oslava

iphathi

obrázková kniha

incwadi yezithombe

míč

ibhola

panenka

unodoli

hrát si

dlala

pískoviště

umgodi wenhlabathi

houpačka

uzwinki

hračky

amathoyizi

hrací konzole

umshini wamavidiyo geymu

tříkolka

ibhayisikili elinemasondo
amathathu

medvídek

uthedibhe

šatník

u-wardrobe

## oblečení

## izimpahla

ponožky

amasokisi

punčochy

amastokhingi

punčochové kalhoty

amathayithi

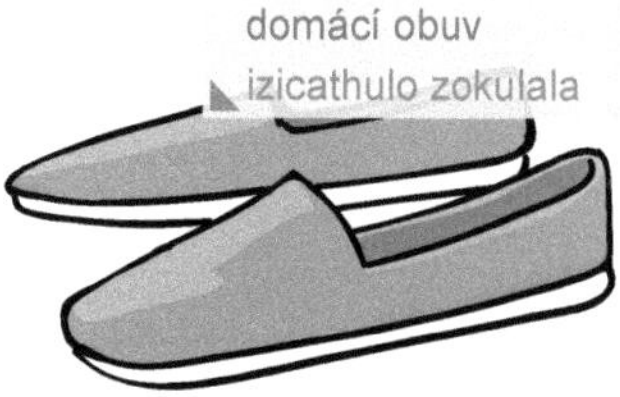

šála
isikhafu

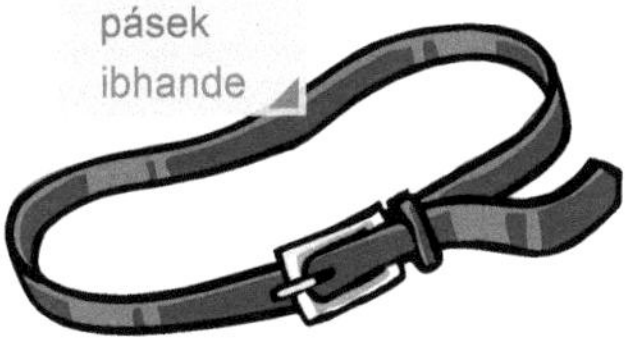

deštník
i-amburela

tričko
ishethi

pásek
ibhande

kozačky
amabhuthi

domácí obuv
izicathulo zokulala

tenisky
abaqeqeshi

sandály

amasandali

obuv

izicathulo

holínky

amabhuthi erabha

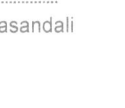

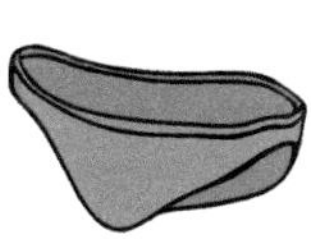

spodní prádlo

iphenti

podprsenka

u-bra

nátělník

ivesti

body
umzimba

kalhoty
amabhulukwe

džíny
amajini

sukně
isiketi

blůza
isikibha

košile
ishethi

svetr
ijezi elinezigqoko

mikina
i-hoodie

blejzr
ibhuleyiza

bunda
ijakhethi

kabát
ijazi

pláštěnka
i-raincoat

kostým
ikhosyumu

šaty
ingubo

svatební šaty
ingubo yomshado

oblek

isudu

noční košile

ingubo yokulala

pyžamo

amaphijama

sárí

ingubo yesari

šátek na hlavu

isikhafu

turban

isigqoko se-turban

burka

ibhukha

kaftan

ingubo yekaftani

abája

abaya

plavky

impahla yokubhukuda

pánské plavky

amathranki

kraťasy

isikhindi

tepláková souprava

i-tracksuit

zástěra

ingubo yokupheka

rukavice

amagilavu

knoflík

ibhathini

brýle

izibuko

náramek

ibhengela

náhrdelník

umgexo

prsten

indandatho

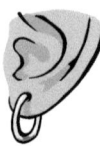

náušnice

amacici

čepice

ikepisi

ramínko

into yokuhenga ijazi

klobouk

isigqoko

kravata

uthayi

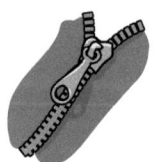

zip

uziphu

helma

ihelmethi

kšandy

ama-braces

školní uniforma

iyunifomu yesikole

uniforma

iyunifomu

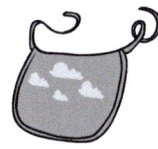

bryndák

ibhayi lengane

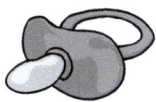

dudlík

idemu

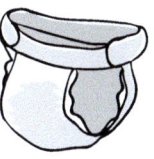

plena

inabukeni

# kancelář

## i-ofisi

server
iseva
kartotéka
ikhabethe lamafayela
papír
iphepha
tiskárna
umshin wokuphrinta
monitor
imonitha
myš
imawusi
psací stůl
ideski
šanon
ifolda
klávesnice
ikhibhodi
odpadkový koš na papír
bhaskidi yokulahla amaphepha
počítač
ikhompyutha
židle
isihlalo


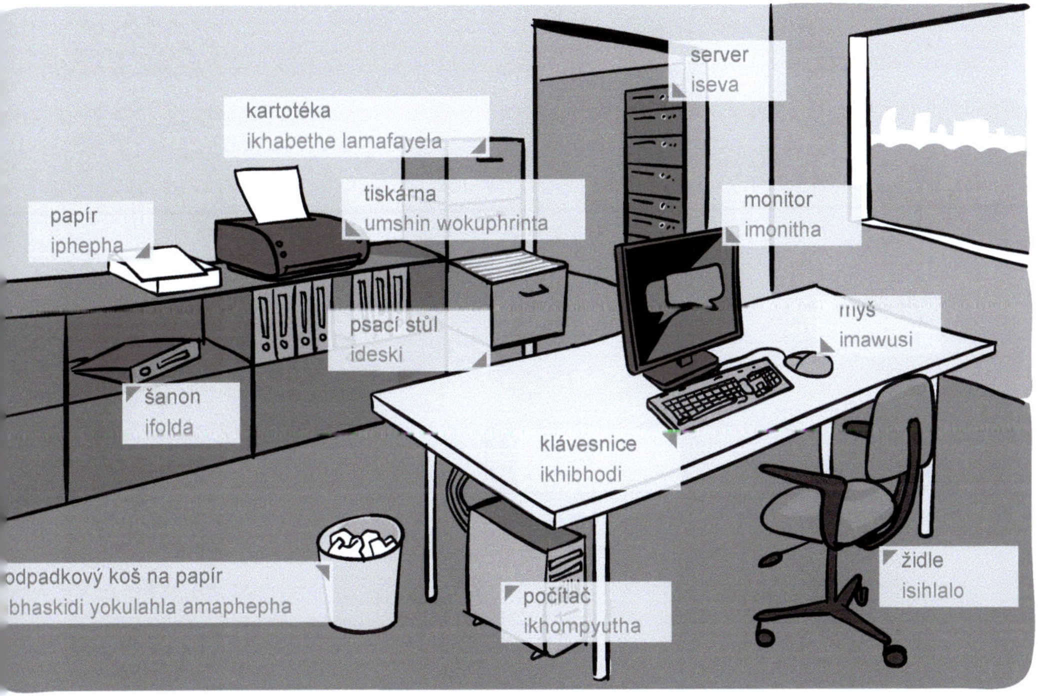

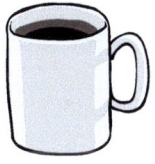

hrnek na kávu

imagi yekhofi

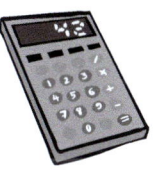

kalkulačka

ikhalkhuletha

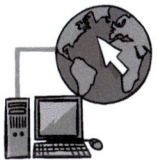

internet

i-inthanethi

notebook

ilephuthophu

dopis

incwadi

zpráva

umyalezo

mobil

ifoni

síť

inethiwekhi

kopírka

ifothokhophi

software

i-software

telefon

ucingo

zásuvka

indawo yokupulaka

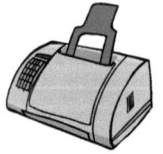

fax

umshini wokufeksa

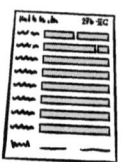

formulář

ifomu

dokument

idokhumenti

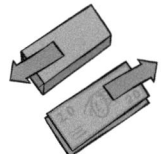

nakupovat

thenga

zaplatit

khokha

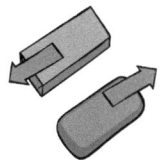

jednat

shintshana

peníze

imali

dolar

idola

euro

i-euro

jen

iyen

rubl

i-rouble

frank

iSwiss franc

juan

i-renminbi yuan

INR

rupie

i-rupee

bankomat

umshini wokukhipha imali

směnárna

i-bureau de change

zlato

igolide

stříbro

isiliva

olej

amafutha

energie

amandla

cena

inani lemali

smlouva

ukuxhumana

daň

intela

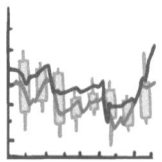

akcie

isitokwe

pracovat

sebenza

zaměstnanec

isisebenzi

zaměstnavatel

umqashi

továrna

ifekthri

obchod

esitolo

# povolání
# imisebenzi

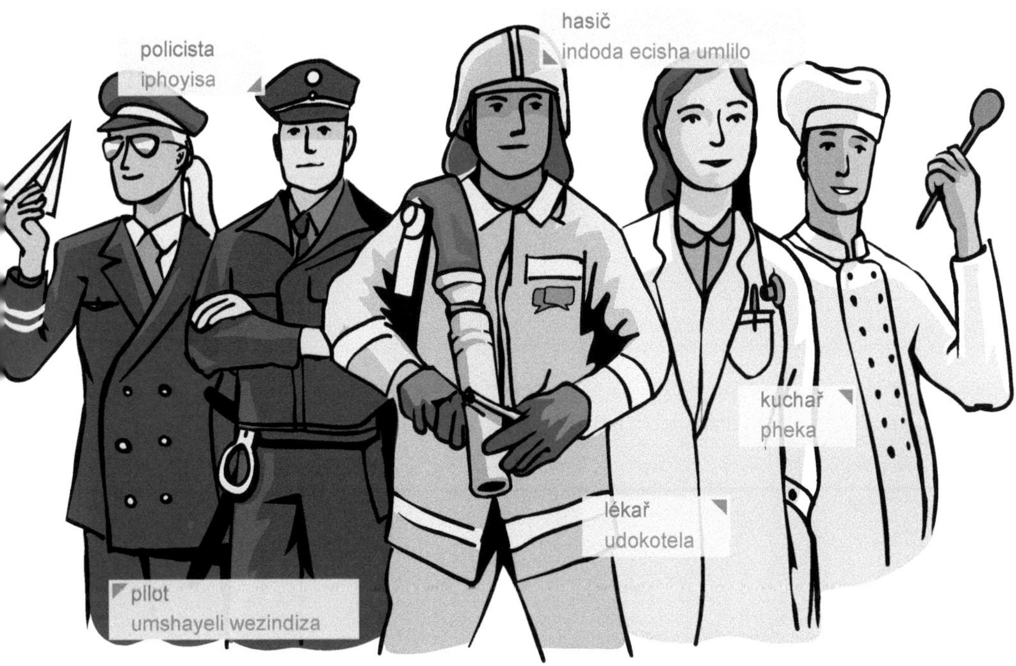
hasič
indoda ecisha umlilo
policista
iphoyisa
kuchař
pheka
lékař
udokotela
pilot
umshayeli wezindiza

zahradník

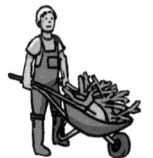

umuntu onakekela ingadi

truhlář

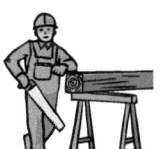

umbazi

švadlena

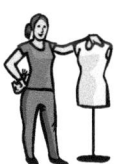

umthungi

soudce

ijaji

chemik

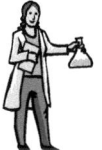

umuntu osebenza ekhemisi

herec

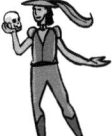

umlingisi

řidič autobusu

umshayeli webhasi

řidič taxi

umshayeli wetekisi

rybář

indoda edoba izinhlanzi

uklízečka

owesifazane ohlanzayo

pokrývač

umuntu olungisa uphahla

číšník

uweyita

myslivec

umzingeli

malíř

umuntu opendayo

pekař

umbhaki

elektrikář

umuntu osebenza ngogesi

stavební dělník

umakhi

inženýr

unjiniyela

řezník

indawo edayisa inyama

klempíř

umuntu osebenza
ngamapayipi

listonoš

indoda yaseposini

voják

isosha

architekt

umdwebi wezakhiwo

pokladní

umbali wemali

florista

umuntu otshala izimbali

kadeřník

umuntu owenza izinwele

průvodčí

umqondisi wasesitimeleni

mechanik

umakhenikha

kapitán

ukaputeni

zubař

udokotela wamazinyo

vědec

usosayensi

rabín

urabi

imám

imam

mnich

indela

duchovní

umfundisi

# nářadí
# amathuluzi

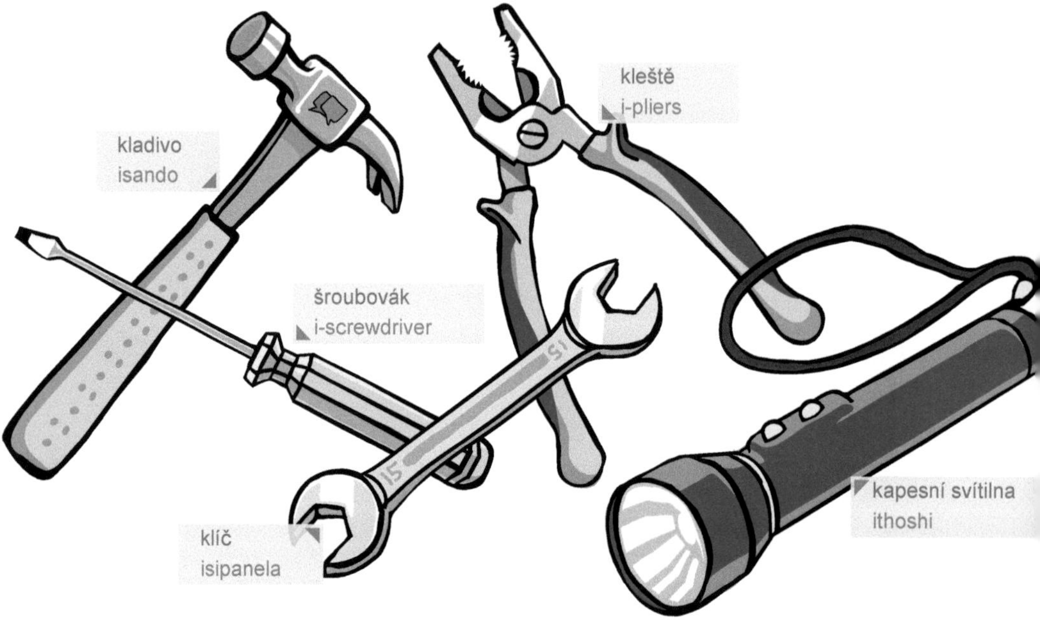
kleště
i-pliers
kladivo
isando
šroubovák
i-screwdriver
kapesní svítilna
ithoshi
klíč
isipanela

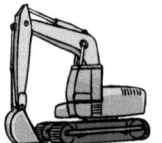

bagr

umshini wokumba

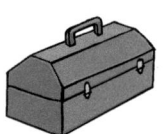

skříň na nářadí

ibhokisi lamathuluzi

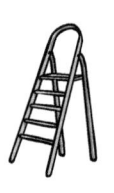

žebřík

isitebhisi

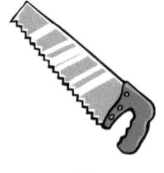

pila

isaha

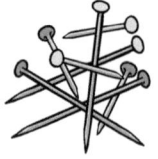

hřebíky

izinzipho

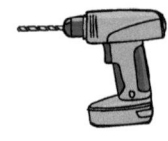

vrtačka

i-drill

opravit

lungisa

lopata

ifosholo

Kurva!

Damethi!

lopatka

idastipheni

vědroé na barvu

ithini likapende

šrouby

i-screws

## hudební nástroje
## izinsimbi zomculo

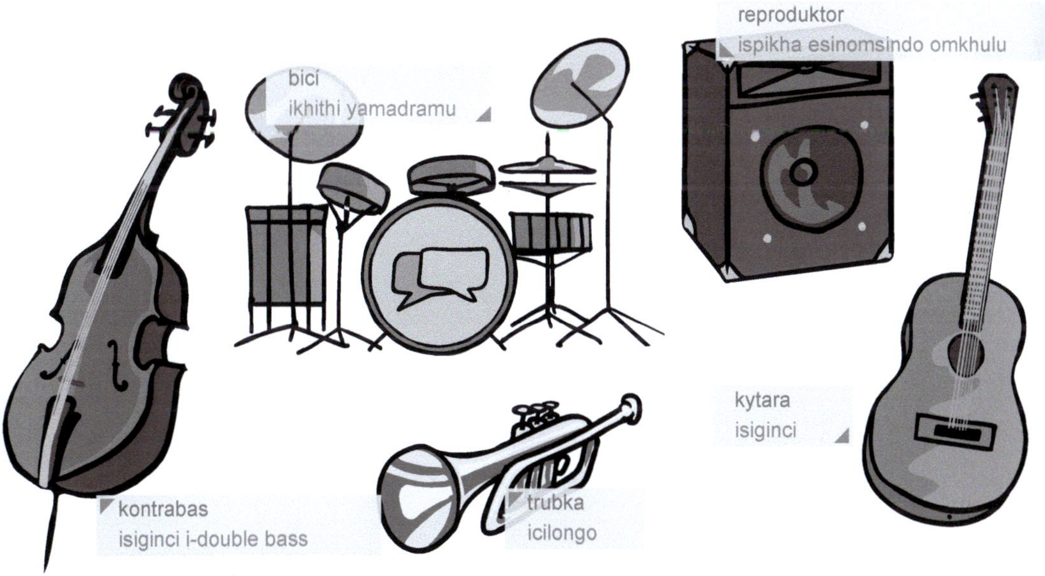

reproduktor
ispikha esinomsindo omkhulu

bicí
ikhithi yamadramu

kytara
isiginci

kontrabas
isiginci i-double bass

trubka
icilongo

klavír

ipiyano

housle

ivayolini

basa

i-bass

tympán

ithimpani

bubny

amadramu

keyboard

i-keyboard

saxofon

i-saxophone

flétna

umtshingo

mikrofon

imakhrofoni

# zoo
## esiqiwini

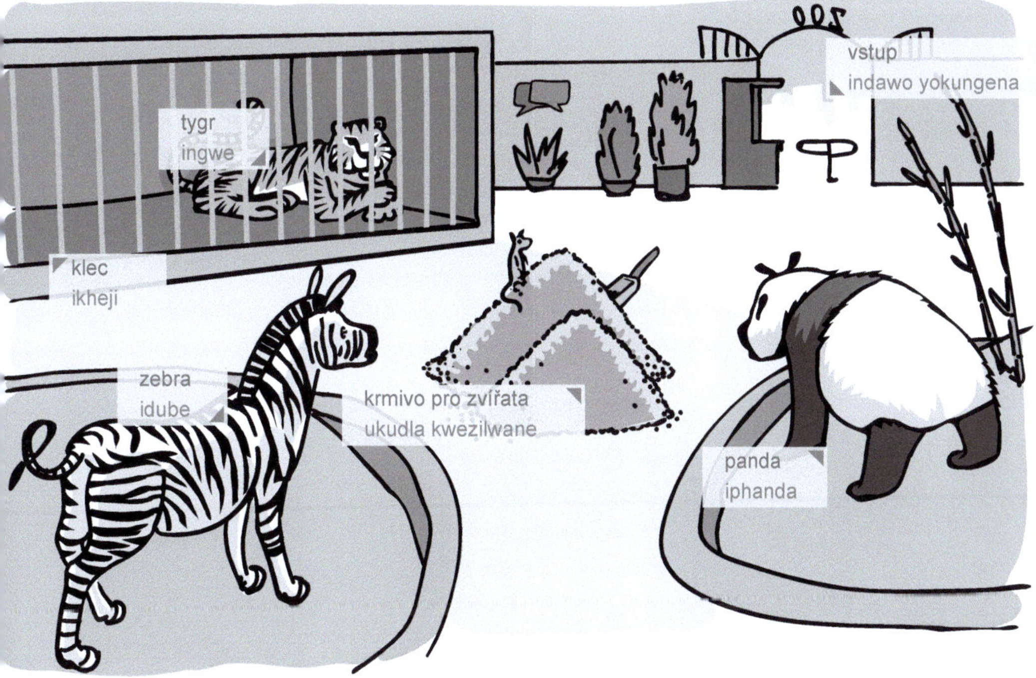
zoo
vstup
indawo yokungena
tygr
ingwe
klec
ikheji
zebra
idube
krmivo pro zvířata
ukudla kwezilwane
panda
iphanda

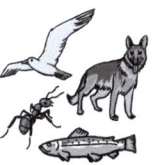

zvířata
izilwane

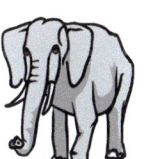

slon
indlovu

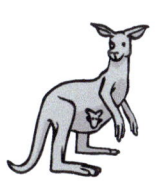

klokan
ikhangaru

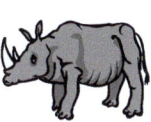

nosorožec
ubhejane

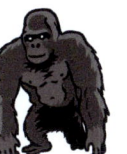

gorila
igorila

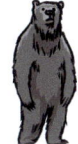

medvěd
ibhele

velbloud

ikamela

pštros

intshe

lev

ingonyama

opice

inkawu

plameňák

i-flamingo

papoušek

upholi

lední medvěd

ibhele laseqhweni

tučňák

iphenguwini

žralok

ushaka

páv

ipigogo

had

inyoka

krokodýl

ingwenya

ošetřovatel zvířat

umgcini wezilwane

tuleň

isilwane saseqhweni

jaguár

ijaguwa

poník

iponi

leopard

ingwe

hroch

imvubu

žirafa

indlulamithi

orel

ukhozi

divoké prase

intibane

ryby

inhlanzi

želva

ufudu

mrož

i-walrus

liška

ujakalase

gazela

inyamazane igazele

americký fotbal
ibhola lezinyawo laseMelika

cyklistika
umdlali webhayisikili

tenis
ithenisi

košíková
ibhola lomnqankiswano

plavání
ukubhukuda

box
isibhakela

lední hokej
í-ice hockey

kopaná

ibhola lezinyawo

badminton

i-badminton

lehká atletika

abasubathi

házená

ibhola lezandla

běh na lyžích

ukushushuluza

vodní pólo

ipolo

skočit
gxuma

objímat
haga

smát se
hleka

jít
hamba

zpívat
cula

modlit se
thandaza

políbit
cabuza

snít
phupha

| psát | kreslit | ukazovat |
|------|---------|----------|
| bhala | dweba | bonisa |

| tlačit | dát | vzít si |
|--------|-----|---------|
| phusha | nikeza | thatha |

mít

yiba

dělat

yenza

být

yiba

stát

sukuma

běhat

gijima

táhnout

donsa

hodit

phonsa

padat

yiwa

ležet

amanga

čekat

linda

nosit

thwala

sedět

hlala

oblékat

gqoka

spát

lala

vzbudit se

vuka

prohlédnout si

bukela

plakat

khala

pohladit

qhweba

česat

kama

hovořit

khuluma

rozumět

qonda

ptát se

buza

slyšet

lalela

pít

phuza

jíst

idla

uklidit

coca

milovat

thanda

vařit

pheka

jet

shayela

letět

ndiza

plachtit

hamba ngomkhumbi

počítat

bala

číst

funda

učit se

funda

pracovat

sebenza

vzít si

shada

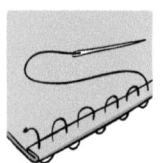

šít

thunga

čistit si zuby

geza amazinyo

zabít

bulala

kouřit

bhema

poslat

thumela

# rodina
# umndeni

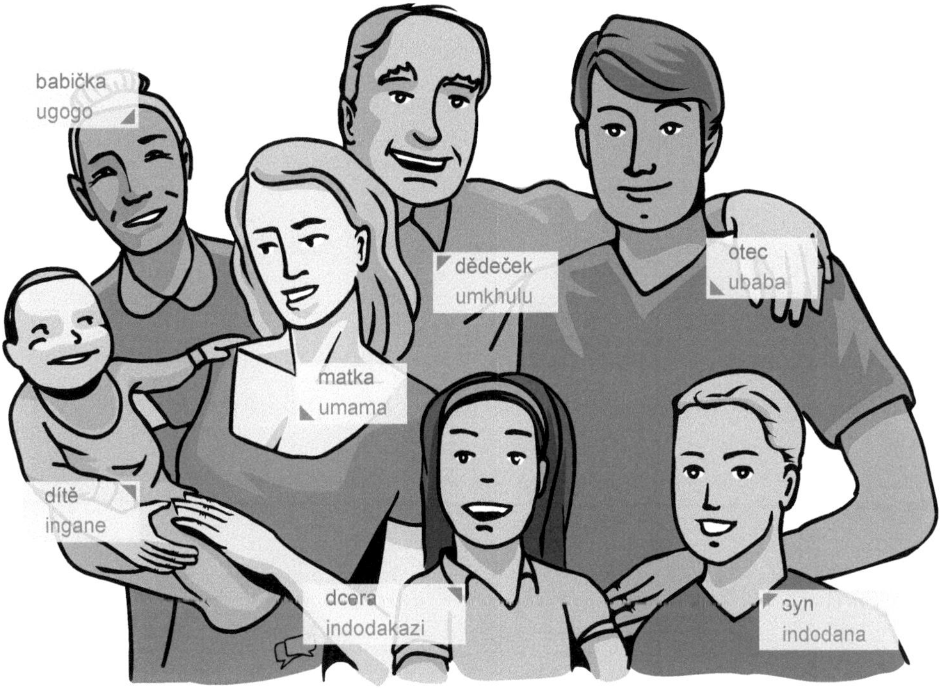
babička
ugogo
dědeček
umkhulu
otec
ubaba
matka
umama
dítě
ingane
dcera
indodakazi
syn
indodana

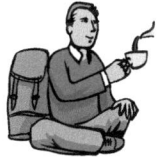

host

isivakashi

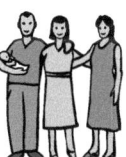

teta

u-anti

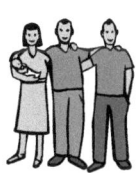

strýc

umalume

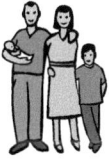

bratr

umfowethu

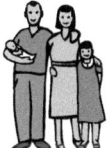

sestra

udadewethu

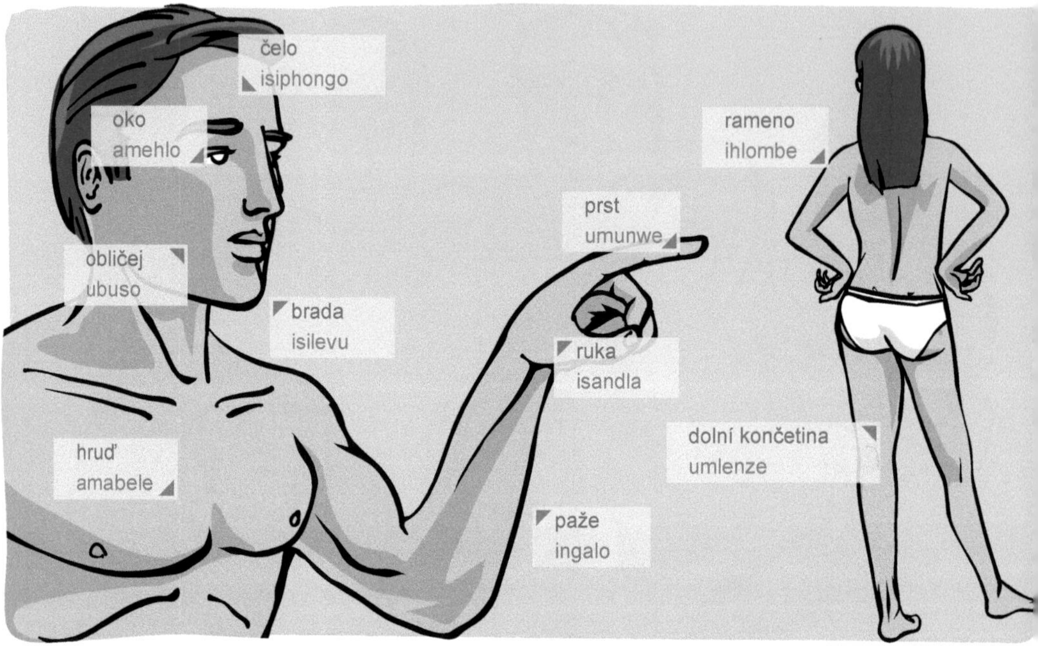

čelo
isiphongo

oko
amehlo

rameno
ihlombe

prst
umunwe

obličej
ubuso

brada
isilevu

ruka
isandla

hruď
amabele

dolní končetina
umlenze

paže
ingalo

dítě

ingane

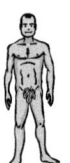

muž

indoda

žena

owesifazane

dívka

intombazane

chlapec

umfana

hlava

ikhanda

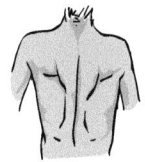

záda

umhlane

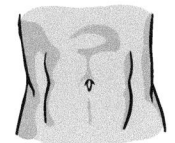

břicho

isisu

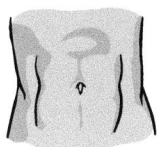

pupík

inkaba

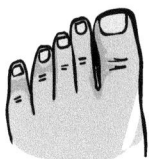

prst na noze

izinzwane

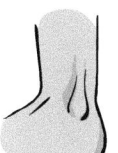

pata

isithende

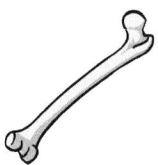

kost

ithambo

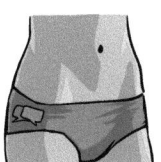

bok

inqulu

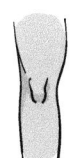

koleno

idolo

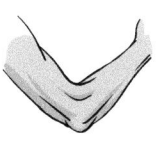

loket

indololwane

nos

ikhala

zadek

ingenzansi

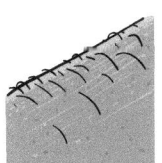

kůže

isikhumba

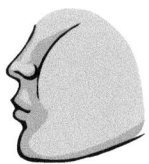

tvář

iziqhomo

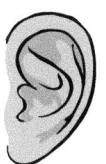

ucho

indlebe

ret

udebe

ústa

umlomo

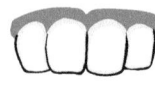

zub

amazinyo

jazyk

ulimu

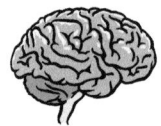

mozek

ingqondo

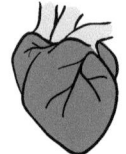

srdce

inhliziyo

sval

imasela

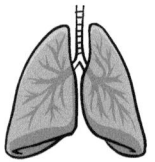

plíce

uphaphe

játra

isibindi

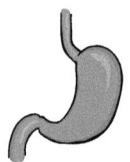

žaludek

isisu

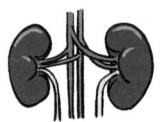

ledviny

izinso

pohlavní styk

ucansi

kondom

ikhondomu

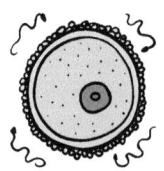

vajíčko

iqanda

sperma

isidoda

těhotenství

ukukhulelwa

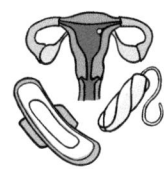

menstruace
ukuya esikhathini

vagina
imomozi

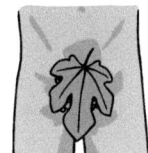

penis
umthondo

obočí
ishiya

vlasy
izinwele

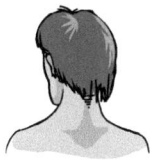

krk
intamo

# nemocnice
# isibhedlela

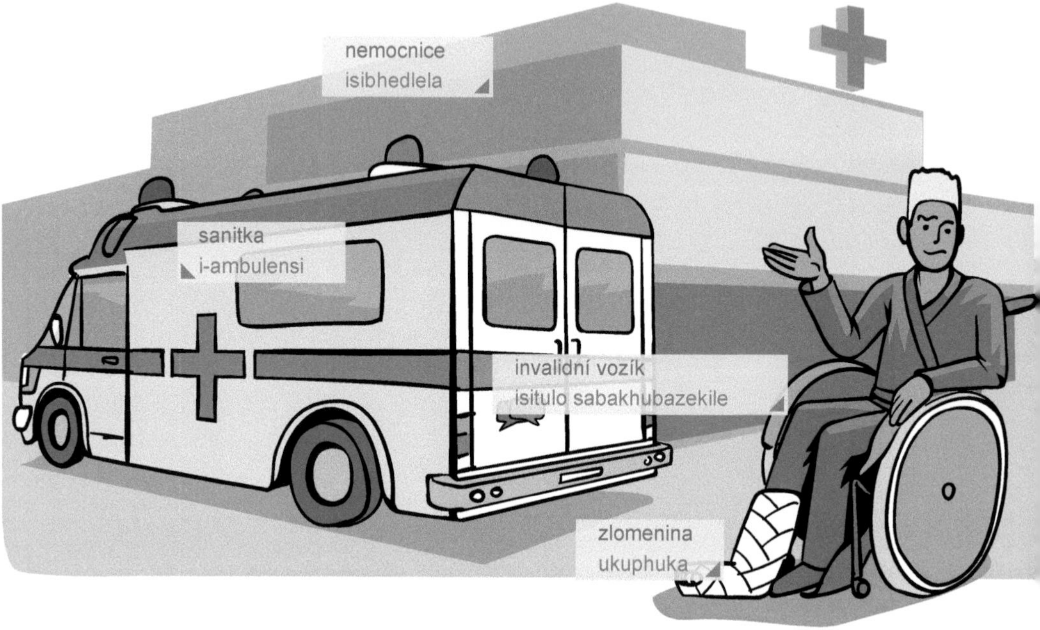

nemocnice
isibhedlela
sanitka
i-ambulensi
invalidní vozík
isitulo sabakhubazekile
zlomenina
ukuphuka

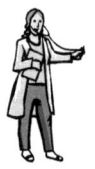

lékař

udokotela

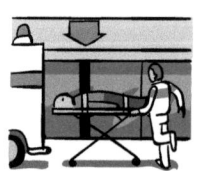

pohotovost

igumbi leziguli ezidinga ukwelashwa okuphuthumayo

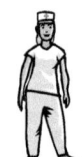

zdravotní sestra

umhlengikazi

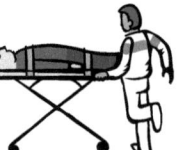

urgentní případ

izimo eziphuthumayo

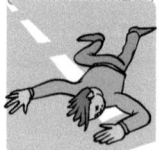

v bezvědomí

ukuquleka

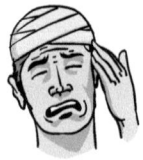

bolest

ubuhlungu

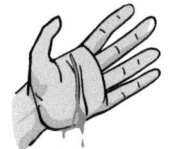

úraz

ukulimala

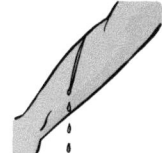

krvácení

ukopha

infarkt myokardu

isifo senhliziyo

cévní mozková příhoda

ukushaywa unhlangothi

alergie

ukungazwani komzimba
nezinto ezithile

kašel

ukukhwehlela

horečka

imfiva

chřipka

umkhuhlane

průjem

ukuhuda

bolest hlavy

ukuphathwa ikhanda

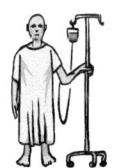

rakovina

umdlavuza

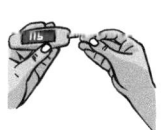

cukrovka

isifo sikashukela

chirurg

udokotela ohlinzayo

skalpel

isikalpheli

operace

ukuhlinzwa

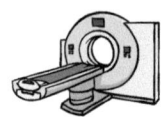

CT

CT

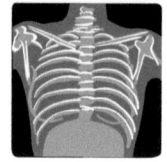

rentgen

i-x-ray

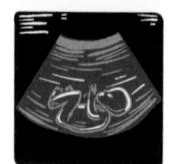

ultrazvuk

i-ultrasound

maska

imaskhi yasebusweni

nemoc

isifo

čekárna

igumbi lokulinda

berle

izinduko zokuhamba

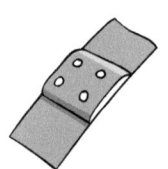

náplast

iplasta

obvaz

ibhandishi

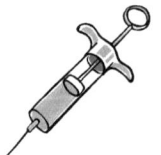

injekce

umjovo

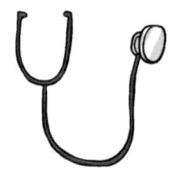

stetoskop

izipopolo zikadokotela

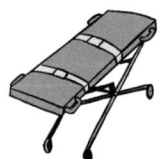

nosítka

i-stretcher

teploměr

umshini okala izinga lokushisa

porod

ukubeletha

nadváha

ukukhuluphala ngokweqile

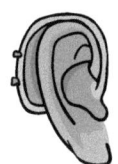

naslouchátko

insizwa yokuzwa

dezinfekční prostředek

ukungatheleleki

infekce

ukutheleleka

virus

ivariyasi

HIV / AIDS

HIV / AIDS

lékařství

umuthi

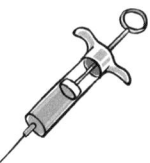

očkování

umgomo

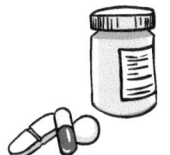

tablety

amaphilisi

pilulka

amaphilisi

tísňové volání

ucingo oluphuthumayo

tonometr

umshini okala umfutho wegazi

nemocný / zdravý

ukugula / ukuba umqemane

Pomoc!

Sizani!

poplach

i-alamu

přepadení

ukuhlasela

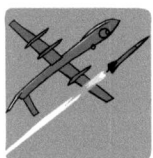

napadení

ukuhlasela

nebezpečí

ingozi

nouzový východ

indawo yokubalekela ngaphansi kwezimo eziphuthumayo

Hoří!

Umlimo!

hasicí přístroj

isicimamlilo

nehoda

ingozi

zdravotnická brašna

ikhithi yosizo lokuqala

SOS

SOS

policie

amaphoyisa

Evropa

Europe

Severní Amerika

North America

Jižní Amerika

South America

Afrika

Africa

Asie

Asia

Austrálie

Australia

Atlantik

Atlantic

Pacifik

Pacific

Indický oceán

Indian Ocean

Jižní ledový oceán

Antarctic Ocean

Severní ledový oceán

Arctic Ocean

severní pól

North Pole

jižní pól
South Pole

Antarktida
Antarctica

země
Umhlaba

pevnina
umhlaba

moře
izilwandle

ostrov
isiqhingi

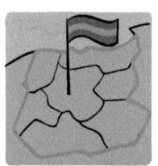

národ
izwe

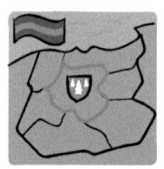

stát
inhlangano engokomthetho

ciferník

ubuso bewashi

hodinová ručička

isandla sehora

minutová ručička

isandla semizuzu

vteřinová ručička

isandla sesibili

Kolik je hodin?

Ubani isikhathi?

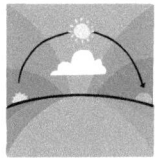

den

usuku

čas

isikhathi

teď

manje

digitální hodinky

iwashi lezibalo

minuta

umzuzu

hodina

ihora

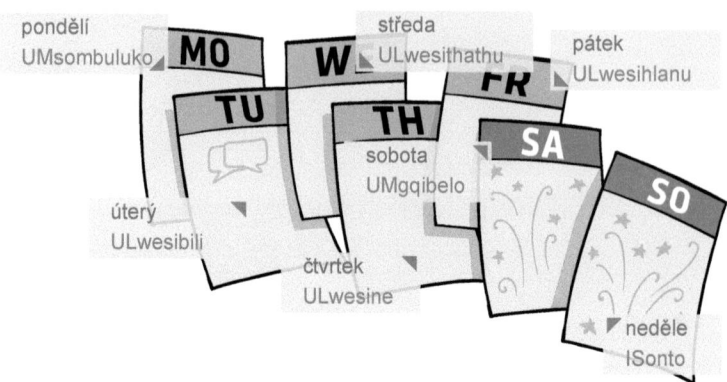

pondělí
UMsombuluko

středa
ULwesithathu

pátek
ULwesihlanu

úterý
ULwesibili

sobota
UMgqibelo

čtvrtek
ULwesine

neděle
ISonto

včera
.................
izolo

dnes
.................
namhlanje

zítra
.................
kusasa

ráno
.................
ekuseni

poledne
.................
emini

večer
.................
ntambama

| MO | TU | WE | TH | FR | SA | SU |
|----|----|----|----|----|----|----|
| 1 | 2 | 3 | 4 | 5 | 6 | 7 |
| 8 | 9 | 10 | 11 | 12 | 13 | 14 |
| 15 | 16 | 17 | 18 | 19 | 20 | 21 |
| 22 | 23 | 24 | 25 | 26 | 27 | 28 |
| 29 | 30 | 31 | 1 | 2 | 3 | 4 |

pracovní dny
.................
izinsuku zeviki

| MO | TU | WE | TH | FR | SA | SU |
|----|----|----|----|----|----|----|
| 1 | 2 | 3 | 4 | 5 | 6 | 7 |
| 8 | 9 | 10 | 11 | 12 | 13 | 14 |
| 15 | 16 | 17 | 18 | 19 | 20 | 21 |
| 22 | 23 | 24 | 25 | 26 | 27 | 28 |
| 29 | 30 | 31 | 1 | 2 | 3 | 4 |

víkend
.................
impelasonto

# rok
# unyaka

duha
uthingo
déšť
imvula
sníh
ukukhithika kweqhwa
umoya
jaro
ithwasahlobo
podzim
ikwindla
léto
ihlobo
zima
ubusika

4.APRIL 11°
5.APRIL 4°
6.APRIL 13°
7.APRIL 8°
8.APRIL 10°

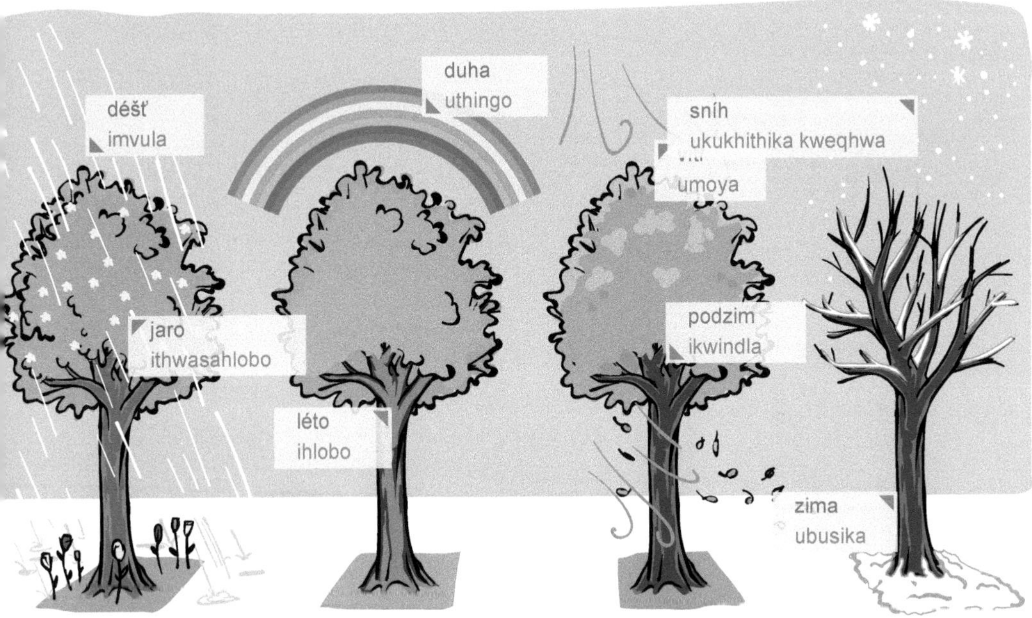

předpověď počasí

isimo sezulu

F C
120 40
90 30
60 20
30 10
0 0
-30 -10
-20

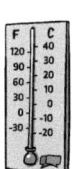

teploměr

umshini wezinga lokushisa

sluneční svit

ukushisa kwelanga

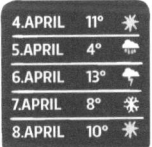

mrak

amafu

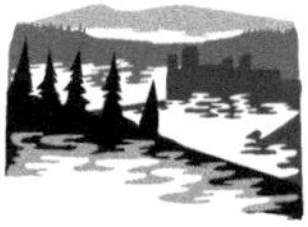

mlha

inkungu

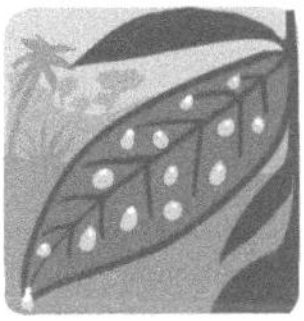

vlhkost

umswakama

blesk

ummbani

hrom

ukuduma kwezulu

bouřka

isiphepho

kroupy

isichotho

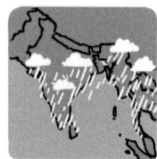

monzun

imvula enkulu

povodeň

izikhukhula

led

iqhwa

leden

UMasingana

únor

UNhlolanja

březen

UNdasa

duben

UMbasa

květen

UNhlaba

červen

UNhlangulana

červenec

UNtulikazi

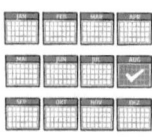

srpen

UNcwaba

rok - unyaka

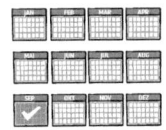

září
.................
UMandulo

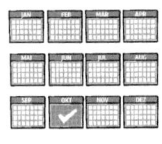

říjen
.................
UMfumfu

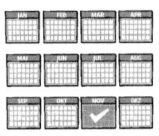

listopad
.................
ULwezi

prosinec
.................
UZibandlela

kruh
.................
indilinga

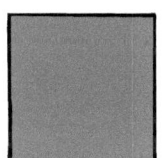

čtverec
.................
isikwele

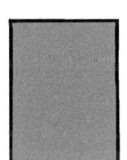

obdélník
.................
unxande

trojúhelník
.................
unxantathu

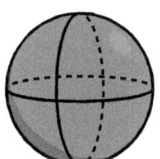

koule
.................
i-sphere

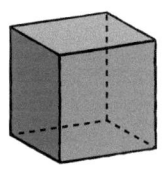

krychle
.................
i-cube

bílá
...............
kumhlophe

žlutá
...............
kuphuzi

oranžová
...............
ku-olenji

růžová
...............
kuphinki

červená
...............
kumbomvu

fialová
...............
kuphephuli

modrá
...............
kuluhlaza
okwesibhakabhaka

zelená
...............
kuluhlaza

hnědá
...............
kubhrawuni

šedá
...............
kuphashile

černá
...............
kumnyama

hodně / málo

kakhulu / kancane

rozzuřený / mírumilovný

ukucasuka / ubumnene

krásný / ošklivý

ubuhle / ububi

začátek / konec

isiqalo / isiphetho

velký / malý

kukhulu / kuncane

světlý / tmavý

kuyakhanya / kumnyama

bratr / sestra

umfowethu / udadewethu

čistý / špinavý

ukuhlanzeka / ukungcola

úplný / neúplný

ukuphelela / ukungapheleli

den / noc

imini / ubusuku

mrtvý / živý

ukufa / ukuphila

široký / úzký

ukuvuleka / ukunyinyeka

jedlý / nejedlý

okudliwayo / okungadliwa

zlý / hodný

ukukhohlakala / umusa

vzrušený / znuděný

ukujabula / isithukuthezi

tlustý / hubený

ukunona / ukuzaca

nejdříve / naposledy

ukuqala / ukugcina

přítel / nepřítel

umngane / isitha

plný / prázdný

ukugcwala / ukuphela

tvrdý / měkký

ubunzima / ukuthamba

těžký / lehký

ukusinda / ukubalula

hlad / žízeň

ukulamba / ukoma

nemocný / zdravý

ukugula / ukuba umqemane

ilegální / legální

ngokomthetho / okungekho
emthethweni

inteligentní / hloupý

ukuhlakanipha /
isiphukuphuku

vlevo / vpravo

isinxele / esokudla

blízko / daleko

eduze / kude

nový / použitý

kusha / sekusebenzile

nic / něco

utho / okuthile

starý / mladý

okudala / okusha

zapnutý / vypnutý

vuliwe / kucishiwe

otevřeno / zavřeno

vula / vala

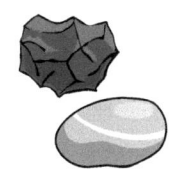

tichý / hlasitý

kuthulekile / kunomsindo

bohatý / chudý

ukuceba / ubumpofu

správný / špatný

kulungile / akulungile

drsný / hladký

kugadlazekile / kuyashelela

smutný / šťastný

dabuka / jabula

krátký / dlouhý

kufishane / kude

pomalý / rychlý

kuyanensa / kuyashesha

vlhký / suchý

ukuba manzi / ukoma

teplý / chladný

ukufudumala / ukuphola

válka / mír

ukulwa / ukuthula

**0**

nula

uziro

**1**

jedna

kunye

**2**

dva

kubili

**3**

tři

kuthathu

**4**

čtyři

kune

**5**

pět

kuhlanu

**6**

šest

isithupha

**7**

sedm

isikhombisa

**8**

osm

isishiyagalombili

**9**

devět

isishiyagalolunye

**10**

deset

ishumi

**11**

jedenáct

ishumi nanye

**12**

dvanáct

ishumi nambili

**13**

třináct

ishumi nantathu

**14**

čtrnáct

ishumi nane

**15**

patnáct

ishumi nanhlanu

**16**

šestnáct

ishumi nesithupha

**17**

sedmnáct

ishumi nesikhombisa

**18**

osmnáct

ishumi nesishiyagalombili

**19**

devatenáct

ishumi nesishiyagalolunye

**20**

dvacet

amashumi amabili

**100**

sto

ikhulu

**1.000**

tisíc

inkulungwane

**1.000.000**

milion

izigidi

angličtina

isiNgisi

americká angličtina

isiNgisi saseMelika

standardní čínština

isiMandarin saseShayina

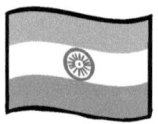

hindština

isiHindi

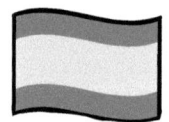

španělština

iSpanishi

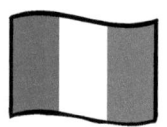

francouzština

isiFulentshi

arabština

isi-Arabhu

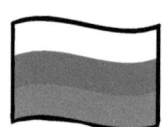

ruština

isiRashiya

portugalština

isiPutukezi

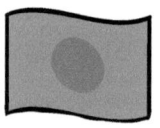

bengálština

isiBengali

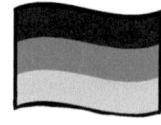

němčina

isiJalimane

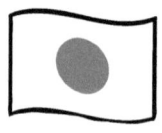

japonština

isiJapane

já

Mina

ty

wena

on / ona / ono

u / u / ku

my

thina

vy

nina

oni

bona

Kdo?

ubani?

Co?

ini?

Jak?

kanjani?

Kde?

kuphi?

Kdy?

nini?

jméno

igama

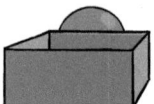

za
ngemuva

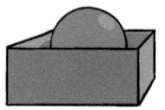

do
ngaphakathi

z
phambi kwe

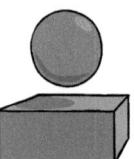

nad
phezulu

na
ngaphezulu

mezi
ngaphansi

vedle
eceleni

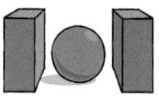

mezi
phakathi

místo
indawo